Para mis pequeños primos Joseph, Cora, Stanley, Isla, Libby, Leo, Alice y Annie –MH

Para Theo, Claude e Isobel –RA

Nuestro agradecimiento a los siguientes colegios donde los niños nos hicieron sugerencias:
Centro de Primaria Bruce Grove, en Londres; Colegio Edith Moorhouse, en Carterton;
Colegio St Barnabas, en Oxford y
Colegio Internacional St George, en Luxemburgo.

Título original: THE GREAT BIG BOOK OF FRIENDS
© del texto: Mary Hoffman, 2018
© de las ilustraciones: Ros Asquith, 2018
Publicado originalmente en Gran Bretaña y Estados Unidos
por Frances Lincoln Children's Books,
74-77 White Lion Street, Londres

Todos los derechos reservados.

No se permite reproducir en sistemas de recuperación
de la información ni transmitir alguna parte de esta publicación,
cualquiera que sea el medio empleado –electrónico, mecánico,
fotocopia, grabación, etc.–, sin el permiso previo
de los titulares del copyright.

© de la traducción castellana:
EDITORIAL JUVENTUD, S. A., 2018
Provença, 101 – 08029 Barcelona
info@editorialjuventud.es
www.editorialjuventud.es
Traducción: ANNA GASOL
Primera edición, 2018
ISBN 978-84-261-4486-7
DL B 22047-2017
Núm. de edición de E. J.: 13.515
Printed in China

El gran libro de los amigos

Búscame cada vez que pases una página.

Mary Hoffman y Ros Asquith

editorial juventud
Barcelona

¿Qué es un amigo?

¿Cómo crees que es un amigo?

Los amigos son como la familia

HACER amigos

Algunas personas tienen más facilidad que otras para hacer amigos.

Este es Horacio Ponseti Bartolomeo. También le gusta dibujar ranas.

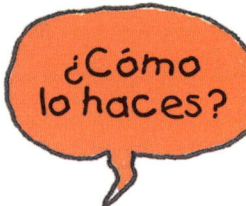

¿Recuerdas cómo has conseguido hacer amigos? Quizás en el colegio, o jugando, o en una fiesta.

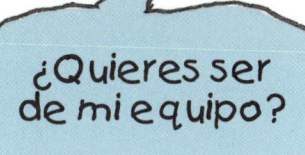
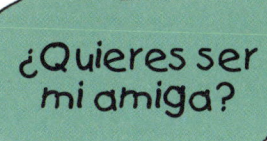

A veces hay que tener valor para preguntar si quieren ser amigos tuyos.

Nos sentimos solos si creemos que no tenemos amigos. Pero a veces está bien estar solos.

¿Tienes un mejor amigo?

Nuestras madres eran muy amigas.

Éramos los mejores amigos en la guardería.

¡Y AÚN lo somos!

Si tenemos hijos, ¿serán los mejores amigos?

¡Quién sabe!

¿Cómo sabes si tienes un mejor amigo?
Quizá sea la persona con quien te gusta hacer cosas…

la que sabe animarte mejor…

y con la que te sientes bien a su lado.

Un grupo de amigos

¿Y si no tienes solo un amigo especial? Puede que prefieras tener más de uno.

Quiero un grupo de amigos, por favor.

TODO A 1€

Este grupo parece más divertido que el mío.

Puede ser muy divertido compartir juegos y conversaciones sobre temas que te gusten con un grupo de amigos.

Hay grupos de amigos que duran toda la vida, incluso en la edad adulta y con hijos.

Están locos.

A veces ves grupos de adultos que se divierten juntos y hacen tonterías como cuando eran niños.

hermano　　　　　　　# ¿Familia o amigos?　　　　　primo

Tía abuela

Segunda mamá

Madrastra

Padrastro

Hermanastro

Hermanastra

Medio hermana

¿Tienes un hermano o una hermana? Cuando eres pequeño, seguramente no los consideras amigos, pero a medida que creces pueden llegar a ser los mejores amigos. Y te conocen mejor que nadie.

Mi hermano pequeño no servía para nada.

Después era pesado.

Ahora es mi mejor amigo.

Primo　　Sobrino　　Sobrina　　Abuela　　Abuelo　　Mamá

Hermano Hermana Tío Tía   Abu   Mamá

Tío abuelo

Bisabuela

Yaya

Lo mismo puede suceder con los primos o con los abuelos.

El abuelo es mi mejor amigo.

Bisabuelo

Pero si eres hijo único o no te llevas bien con tus hermanos o hermanas, tus amigos pueden llegar a ser como tu familia.

Los gatitos se emancipan a las 8 semanas. ¡Menos mal!

Mamá

Papá

Papá Papi   Madre   Padre   Mami   Yayo

Compartimos chistes

COMPARTIR

Compartimos caramelos

Compartimos paraguas

A menudo nos hacemos amigos de alguien con quien compartimos algo.

¡No! No puedes compartir la comida del gato.

Compartimos un baño

Compartimos cómics

Sucede cuando somos pequeños y alguien nos deja un juguete, o más adelante cuando descubrimos que nos gustan la misma comida, juegos, música o libros.

Compartimos piscinas

Tenemos mucho en común.

Compartimos ropa

Compartimos libros

Compartimos parques

Compartimos comida

Compartimos juguetes

También podemos compartir secretos con nuestros amigos.

Compartir espacio puede llegar a ser difícil…

A veces parece que la amistad tiene que ver con el hecho de compartir. A medida que nos hacemos mayores, tendemos a compartir ideas u opiniones en lugar de cosas.

Compartimos camas

Compartimos pinturas

Ser diferentes

No somos solamente amigos de personas iguales a nosotros. Es fantástico tener amigos diferentes y que prefieren cosas distintas a las que nos gustan a nosotros.

¿Por qué no escribís las cosas que tenéis en común?

No tenemos **NADA** en común.

Ambos tenemos
- Cabeza.
- Cuerpo.
- Dientes.
- Nos gustan las TARTAS.
- ¡Somos PERSONAS!

LOS GATOS TAMBIÉN SON DIFERENTES

Nos aportan nuevas ideas o nos inspiran para hacer nuevas actividades.

UN AMIGO que no HAS VISTO

¿Conoces a todos tus amigos?
Parece una pregunta extraña, pero es posible tener amigos que no has visto jamás.

¡Tengo amigos por todo el mundo!

Salut l'ami!   Ahoj kamarát   Hallo Freund!   Sawubona friend!

Puede que tengas un amigo que vive en otro país, y mantenéis el contacto por email y por carta.

Hallo vriend!

تسرود هكيلع و مالسلا

や有

Hei kompis

Yo también, aunque no los he visto a todos.

Los gatos ronroneamos igual en todas las lenguas.

친구야, 안녕   ق ىف ر مال س

 # AMIGOS IMAGINARIOS

¿Tienes un amigo que solo ves tú? Es un amigo especial que no tiene todo el mundo.

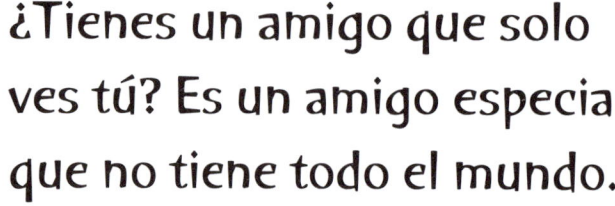

¡Feliz cumpleaños!

Los amigos imaginarios pueden ser niños o niñas, animales o seres fantásticos. Siempre están cerca cuando necesitas hablar o jugar con alguien.

Necesito dos helados. Uno es para Fu-fú.

COSA — (La Cosa tiene muelles, alas y canta)

TOMATITO — Mitad niño, mitad tomatera

LA BESTIA — Mitad cucaracha, mitad pez

CERDIMÁN — ¡CABALGA CERDOS!

NUESTROS AMIGOS INVISIBLES

De vez en cuando puedes decir que han sido ellos los que han roto algo o han hecho alguna travesura. No les importa.

Lo ha hecho Bing Bong.

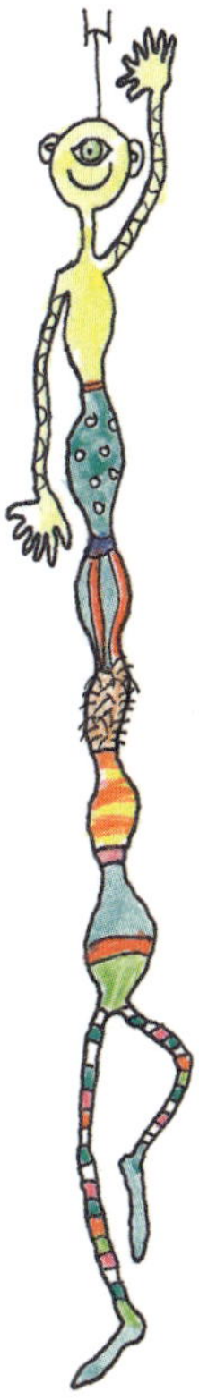

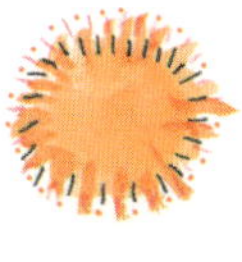

ANIMALES amigos

Muchas personas tienen a su mascota como amigo. Un perro siempre está encantado de verte.

Los gatos notan si estás triste y te consuelan. Y si acaricias a un animal te sentirás relajado y feliz. No es de extrañar que hablemos de nuestros "amigos peludos".

¡Algunas mascotas no son peludas!

¿Un pez puede ser un amigo?

Lo siento, pero los PIOJOS NO SON mascotas.

Los animales pueden ser amigos entre ellos.

Seré tu amigo mientras no tenga que comer lechuga.

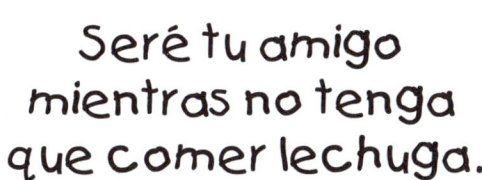

COSAS amigas

A veces un amigo puede no ser una persona.

Todos tenemos días en los que un osito, una manta especial o un cuento nos resultan más agradables que nuestros propios amigos. No pasa nada.

El mejor amigo de un gato es el cesto de la ropa.

Y nuestro libro preferido siempre nos anima.

Un buen montón de amigos nos proporcionan consuelo y confianza, y están cerca cuando los necesitamos.

Cuando los amigos SE ENFADAN

Incluso los mejores amigos pueden pelearse; no es de extrañar ya que pasan la mayor parte del tiempo juntos. Puedes enfadarte y pensar que ya no los quieres como amigos.

— Creía que Sara era tu amiga.
— Lo **ERA**. Ya **NO** LO ES.

¡Te **ODIO**!

¡Ya no eres mi amiga!

¡No voy a hablarte **NUNCA MÁS**!

Te sientes muy mal cuando crees que tu amigo ya no te quiere.

Pero los buenos amigos generalmente superan sus peleas y hacen las paces. A veces pasa una semana..., o volvéis a ser amigos a la hora del almuerzo.

PERDER amigos

Puedes perder un amigo aunque no quieras. Los adultos son quienes toman la mayoría de las decisiones y puede que tu mejor amigo se marche a vivir muy lejos, de manera que no podréis seguir viéndoos.

Puede que sus padres tengan que irse a trabajar al extranjero.

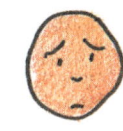

O bien que sus padres decidan mandarlo a otro colegio. Es muy difícil mantener la amistad con alguien cuando no podéis veros a diario. Es triste para quien se queda y para quien se va.

Pero encontraréis nuevos amigos y nuevas amigas.

¿Quiénes NO son tus amigos?

Algunas personas no llegarán nunca a ser tus amigas. Por algún motivo no te gustan y tú tampoco les gustas a ellas.

Sin embargo, tienes que estar con ellas todos los días si están en tu clase o viven cerca de tu casa.

   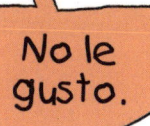 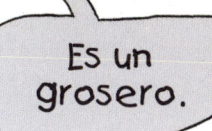

¡Qué boba! — No es mi tipo. — Es mala conmigo. — No le gusto. — Es un grosero.

Lo mejor es encontrar la manera de llevarse bien con ellos. No es necesario ser amigo de alguien que no te gusta pero tampoco hace falta ser enemigos. Y puede que te sorprenda que alguien que no te gustaba al principio llegue a ser un buen amigo.

Un amigo y un enemigo pueden ser la misma persona.

Se ríe de mí.

Es una presumida.

Me ha robado el lápiz.

¿Cuántos amigos?

¿Cuántos amigos tienes? ¿Uno o demasiados?
¿Crees que no tienes amigos verdaderos?
Eso te puede hacer sentir solo, aunque no hace
falta estar con los amigos para pasarlo bien.

A medida que te haces mayor conoces a más personas y haces más amigos… y si mantenéis el contacto acabarás teniendo muchas amistades. No hay un número apropiado de amigos y no pasa nada si no tienes ninguno.

Amigos para siempre

Piensa en los amigos que tienes. Es difícil imaginarlo ahora, pero un día recordarás cuando todos eráis niños y te reirás de las cosas divertidas que hacíais.

Es bueno pensar que cuando seas mayor todavía serás amigo de alguno de ellos, ¿verdad?